犬がえらんだ人

今西乃子 作
くまおり純 絵

合同出版

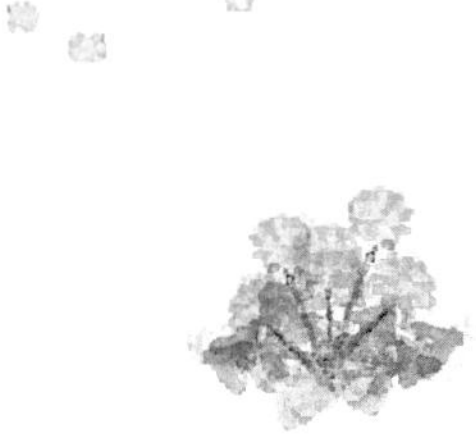

もくじ

犬《いぬ》……4
おじさん……20
しあわせ……54
いのち……68
あとがきにかえて……84
Believe《ビリーブ》 in《イン》 yourself《ユアセルフ》……88

犬《いぬ》

ぼくは　犬《いぬ》。
まっしろな、白《しろ》い犬《いぬ》……　だったはずだ。
でも、今《いま》のぼくは　うっすら　はい色《いろ》の犬《いぬ》。
ぼくは　いつも　にわの　さくらの木《き》の下《した》に　つながれ

っぱなし。
さんぽにも　つれていってもらえない……。
「ねえ……　さんぽに　つれていってよ！　ぼくも　たくさん　歩《ある》きたいよ！　走《はし》りたいよ！」
ぼくのきもちを　かいぬしさんに　つたえたくて、ぼくは　いっしょうけんめい、「わん！　わん！」ほえた。
かいぬしさんが　家《いえ》から出《で》てきて、大《おお》きな手《て》で　ぼくをたたいた。

ぼくの　丸《まる》いシッポが、しゅんとなった。

「ねえ……　ウンチや、オシッコが　したいよ……」

それでも　ぼくは、いつも　くさりに　つながれたまま
……。

しかたなく、ぼくは、ウンチが　ころがっている　にわの　小《ちい》さな犬《いぬ》ごやで　ねるしかなかった。

「ねえ……　ウンチや　オシッコの　においのするばしょで、ねるのは　いやだよ……」

ぼくが　ほえると、かいぬしさんは、また　ぼくの頭《あたま》を

たたいた。
ごはんの時間《じかん》は　とっくに　すぎているのに、おさらの中《なか》は、空《から》っぽだ。

おひさまが　まぶしい　きせつが　やってきた。
おひさまが　ぎらぎらと、ぼくの体《からだ》に　てりつけた。
それでも　ぼくは、つながれたまま……。
ぼくは、さくらの木《き》の　小《ちい》さなこかげで、じっとしているしかなかった。
水《みず》が　のみたくて、近《ちか》くにあった、水《みず》の入《はい》った　うつわに　顔《かお》を　つっこんだ。
うつわの水《みず》は、ねっとうのように　あつくなっていて、のむことなんて　できなかった。

にわの　さくらの木《き》の　はっぱが　おちて、こがらしが　ピューピューふく　きせつが　やってきた。

おちばが　カサカサと　音《おと》を立《た》てて　ぼくの足元《あしもと》に、おちてきた。

ぼくは、せまい　犬《いぬ》ごやの中《なか》で、ふるえてねるしかなかった。

こやの中《なか》は、きゅうくつで、せまくて、ぼくのシッポが、こやから　ポロンと　はみ出《だ》した。

さむい冬《ふゆ》が　やってきた。
ぼくのウンチが、石《いし》みたいに　カチカチに　こおっていた。
わん！　わん！　わん！
ほえるたびに、かいぬしさんは、ぼくを　たたいた。
さむさの　せいじゃない……。
こわくて、かなしくて、ぼくは　ふるえた。

あたたかな春《はる》が　やってきた。
ある日《ひ》、新《あたら》しい子犬《こいぬ》が　やってきた。
ふわふわの　まっしろな子犬《こいぬ》。
子犬《こいぬ》は　シッポをふって　楽《たの》しそうだった。
かいぬしさんは　わらいながら、子犬《こいぬ》をだいて、家《いえ》の中《なか》に入《はい》っていった。

「バニラ！」「バニラ！」と
よぶ声《こえ》が　聞《き》こえた。
楽《たの》しそうな　わらい声《ごえ》が、
家《いえ》の中《なか》から　聞《き》こえた。
ぼくは、にわの　大《おお》きなさく
らの木《き》の下《した》で、みんなのわらい
声《ごえ》を　だまって　聞《き》いていた。

その時《とき》、ぼくは、思《おも》い出《だ》した。

ぼくが　小《ちい》さな、小《ちい》さな子犬《こいぬ》だった時《とき》、さくらの木《き》の下《した》に　一《いっ》ぴきの　はい色《いろ》の犬《いぬ》がいた。

あの時《とき》　ぼくは、家《いえ》の中《なか》や　にわを　元《げん》気《き》に　はね回《まわ》っていた。

かいぬしさんは、ぼくのために、おもちゃを　たくさん買《か》ってくれて、毎日《まいにち》　ぼくと　あそんでくれた。

ぼくの　小《ちい》さなシッポも　いつも　ゆれていた。

ぼくは、にわで　ボールをコロコロ　ころがしながら、

さくらの木《き》の下《した》につながれた　はい色《いろ》の
犬《いぬ》に　話《はな》しかけた。
「ねえ、名前《なまえ》　なんていうの？」
「……うーん　……シロ。そんな名前《なまえ》
だったかなあ……」
「シロ……？　ねえ、シロは　どうして、
ずっと、ずっと、外《そと》にいるの」
シロは　何《なに》も　言《い》わなかった。

ある日《ひ》、さくらの木《き》の下《した》にいた　シロは、かいぬしさん
に　つれられて　どこかに　出《で》かけていった。
シロは、それっきり　家《いえ》に　もどってこなかった。
今《いま》のぼくは、あの時《とき》のシロと　同《おな》じだった。
ぼくのシッポは、しゅんとなった。

バニラがやってきて、しばらくたった　ある日《ひ》、かいぬしさんは、「出《で》かけるぞ」と言《い》って、ぼくを　車《くるま》にのせた。ついたばしょは、家《いえ》から遠《とお》くはなれた　大《おお》きな川原《かわら》だった。かいぬしさんは、ぼくをおろして、何《なに》も言《い》わず、車《くるま》で行《い》ってしまった……。

シロのつぎは、ぼくの番《ばん》だった……。

ぼくは、かいぬしさんにとって、もう　いらないモノだった。

おじさん

大《だい》とかいの　まんなかに　ながれる
川原《かわら》には、タンポポの花《はな》が　たくさん、
たくさん　さいていました。
ポカポカと　心地《ここち》よい　おひさまが、黄色《きいろ》いタンポポの
花《はな》を　ごきげんに　てらしています。

まぶしい　おひさまが、かわものむこうに　しずんでいく　夕《ゆう》ぐれ。

おじさんは、いつものように、かい犬《いぬ》の　2頭《とう》のハスキー犬《けん》をつれて　じてんしゃで　川原《かわら》に　やってきました。

「……今日《きょう》も、白《しろ》い犬《いぬ》が　いるなあ……」

おじさんが、しんぱいそうな顔《かお》をして、犬《いぬ》たちに　話《はな》しかけました。

遠《とお》くから見《み》ても、その白《しろ》い犬《いぬ》は　うすよごれて、がりがりに　やせています。

おじさんがそだった　ヨーロッパのある国《くに》では、人々《ひとびと》は
家《いえ》の中《なか》で　犬《いぬ》といっしょにくらして、かぞくのように　大《たい》
切《せつ》に　かわいがっていました。
ある日《ひ》から、日本《にほん》でくらすこととなった　おじさんは、
かい犬《いぬ》たちが、ずっと　くさりにつながれていたことに
びっくりしました。
それだけでは　ありません。
じゅうぶん　さんぽにもつれていってもらえず、せわも
してもらえず、ほったらかしの犬《いぬ》たちが　たくさんいました。

あげくのはてに、「せわがめんどうくさくなった」「ひっこしする」「かいぬしが年《とし》をとった……」と言《い》って、犬《いぬ》がすてられることも　たくさんありました。

2頭《とう》のハスキー犬《けん》は、おじさんと出会《であ》う前《まえ》、「はんしょく犬《けん》」として　かわれていました。

はんしょく犬《けん》　というのは、子犬《こいぬ》をうませるための　犬《いぬ》のことです。

前《まえ》のかいぬしは、メスと　オスの　ハスキー犬《けん》を　せま

いおりの中《なか》にとじこめ、子犬《こいぬ》をうませ、その子犬《こいぬ》を売《う》って
お金《かね》もうけをするためだけに　かっていたのです。
2頭《とう》は、おさんぽに行《い》ったことも　ありません。
それは　おじさんにとって、自分《じぶん》の子《こ》どもを　おりの中《なか》
に入《い》れてそだてているのと　同《おな》じことでした。
そのようすを見《み》た　おじさんは、いてもたってもいられ
ず、2頭《とう》をすくい出《だ》し、自分《じぶん》のかぞくとして　むかえるこ
とにしたのです。
かなしい思《おも》いをしている　犬《いぬ》を見《み》ると　ほうっておくこ

となど　できません。
おじさんは、２頭《とう》と出会《であ》った時《とき》のように、川原《かわら》の犬《いぬ》が気《き》になって　しかたありませんでした。何《なん》とか　すくってあげたいと　思《おも》っていたのです。
「ここで　しばらく　まってて！」
おじさんは　じてんしゃを止《と》めると、２頭《とう》をのこし、川《かわ》原《ら》におりていって、もってきたドッグフードを、白《しろ》い犬《いぬ》から　少《すこ》しはなれたばしょに　おきました。

犬《いぬ》は　おじさんにむかって「わん！　わん！　わん！」と　ほえ立《た》てました。シッポを下《さ》げて　ふあんそうに　こちらを見《み》ています。

白《しろ》い犬《いぬ》は　人間《にんげん》が、こわいようです。

おじさんは、白《しろ》い犬《いぬ》と　なかよくなるために、まず　名《な》前《まえ》をつけようと　思《おも》いました。

よく見《み》ると　とても　ハンサムな犬《いぬ》です。

「まるで　オペラのイケメン、ドン・ジョバンニみたいだ」

おじさんの頭《あたま》に、とっさに「ドン」という名《な》前《まえ》が　思《おも》いうかびました。

「おーい！　ドン！　おなかが　へっただろ？　ぼくは　そばに行《い》かないから　あんしんして、ごはんを　食《た》べるんだ」

おじさんは、そう言《い》うと、土手《どて》の上《うえ》においてあった　じてんしゃにまたがって　2頭《とう》のハスキー犬《けん》をつれて、遠《とお》くへ　はなれていきました。

おじさんが　見《み》えなくなり、ドンは　あんしんしたのか、ドッグフードのあるばしょにむかって　そろそろと歩《ある》きはじめ、あたりを　なんども見回《みまわ》してから、がつがつと　食《た》

べはじめました。
そのようすを　おじさんは、遠《とお》くから　見《み》ていました。
よほど、おなかが　ペコペコだったのでしょう。
ドンは　きれいにドッグフードを　たいらげると、まだもの足《た》りなさそうに　あたりをくんくんと　かいで回《まわ》りました。
おじさんは　そのようすを見《み》とどけると、ほっとしたように　じてんしゃを走《はし》らせ、2頭《とう》をつれて、夕《ゆう》やみの中《なか》にきえていきました。

「おーい！　ドン！　来《き》たぞ！」
つぎの日《ひ》も、そのつぎの日《ひ》も、
おじさんは　ドンのために　川原《かわら》
に　ドッグフードをもって　やっ
てきました。
おなかを空《す》かしていた　ドンは、
遠《とお》くから　おじさんを見《み》ています。
そして、おじさんがいなくなると、
すぐにかけよって　がつがつと

食《た》べました。

それから　何日《なんにち》かすぎたころ、はなれたところから　見《み》ていただけの　おじさんが、一歩《いっぽ》、また一歩《いっぽ》、少《すこ》しずつ、ドンに　近《ちか》づくようになったのです。

おじさんが一歩《いっぽ》　近《ちか》づくと、ドンは一歩《いっぽ》　後《うし》ろに　下《さ》がります。

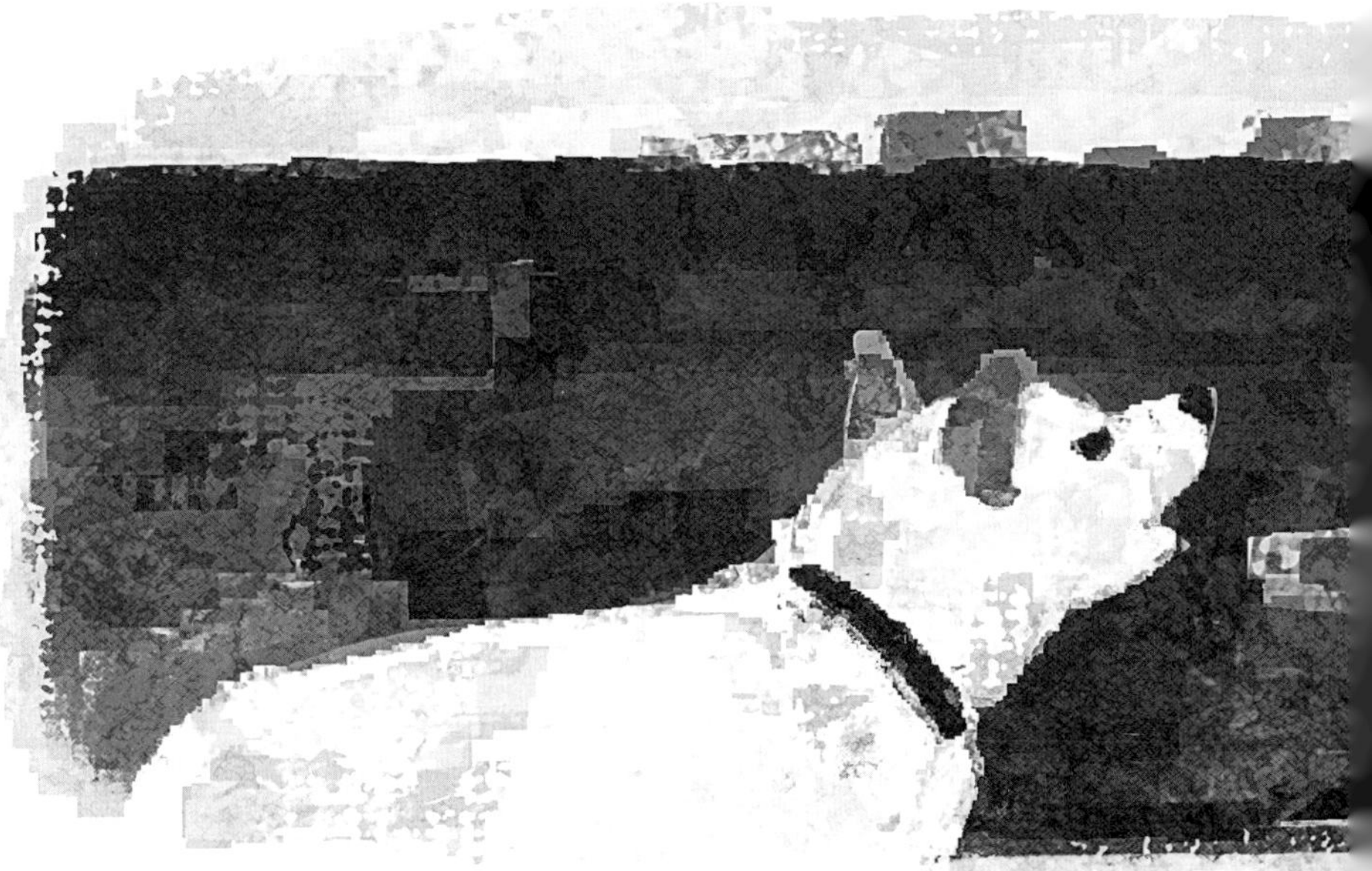

ドンは、おじさんにむかって、「わん！　わん！　わん！」と　なんども　大《おお》きな声《こえ》で　ほえました。

「ドン……　だいじょうぶ。ドンがこわいことは　何《なに》もしないよ。あんしんして　いいんだよ」

おじさんは、ドンがほえれば、ピタッと　足《あし》を止《と》め、それいじょう、ドンに近《ちか》づこうとは　しませんでした。

夏《なつ》がすぎ、川原《かわら》に　コスモスの花《はな》がさく　きせつが　おとずれました。

「おーい！　ドン！」

名前《なまえ》をよばれて、ドンが　ふりむきました。

ドンは、すっかり　自分《じぶん》の名前《なまえ》が　分《わ》かるようになっていました。

おじさんが、川原《かわら》にやってきて、ドッグフードを手《て》に、ドンに　近《ちか》づいていきました。

おじさんが一歩《いっぽ》　近《ちか》づいても、

ドンは半歩《はんぽ》しか　下《さ》がらなくなりました。
おじさんが一歩《いっぽ》　下《さ》がると、ドンは半歩《はんぽ》　おじさんに近《ちか》づきます。
おじさんが二歩《にほ》　近《ちか》づくと、ドンは「わん！　わん！　わん！」と　ほえました。
おじさんは　ピタッと　足《あし》を止《と》めて、言《い》いました。
「分《わ》かったよ。ドン……。」
おじさんは、ドンを見《み》て　やさしくわらうと、ドッグフードをおいて　そのままそっと、帰《かえ》っていきました。

おひさまが　あっと言《い》う間《ま》に　かわものむこうにしずむ
きせつになりました。
「おーい！　ドン！」
土手《どて》にさく花《はな》が　なくなったころ、おじさんが　ドンに
近《ちか》づいても、ドンは　もう　後《うし》ろに下《さ》がらなくなりました。
二歩《にほ》、三歩《さんぽ》、十歩《じゅっぽ》　近《ちか》づいても、ドンは　そのまま、じ
っと　おじさんを　見《み》ています。
「ドン！　ほうら、もう　こわくないだろう？」
ドンのシッポが　くるんとまいて、ゆらゆらと　ゆれて

います。
おじさんは、ドンのはな先《さき》に、グーにした自分《じぶん》の手《て》を　そうっと　さし出《だ》しました。
その手《て》のにおいをかいだ　ドンは、シッポを　大《おお》きく　なんども、なんども　ふりました。
ドンは　その日《ひ》から、ほえなくなりました。

そのつぎの日《ひ》から、ドンは　おじさんの手《て》から　ドッグフードを　食《た》べるようになりました。手《て》から　ドッグフードがなくなっても、まだ　おじさんの手《て》を　なめています。えいようのある　ドッグフードのおかげで、ドンは　ずいぶん　元気《げんき》になりました。

「ドン、うちに　来《く》るか？」

そっと　体《からだ》をなでようと　手《て》をのばすと、ドンは　びっくりして　にげていきました。

おじさんは、その日《ひ》も　ドンをおいかけず、土手《どて》に止《と》めてあった　じてんしゃにのって、そっと　帰《かえ》っていきました。

こがらしが　ピューピューふく　さむい夕《ゆう》ぐれ。

「おーい！　ドン！」

おじさんが、2頭《とう》のハスキー犬《けん》をつれて、いつものように　ドッグフードをもって　川原《かわら》におりていくと、ドンはおじさんを見《み》て　シッポをふり、そっと　近《ちか》づいてきました。

おじさんが　ドッグフードを　さし出《だ》すと、あんしんしたように　おじさんの手《て》から　ドッグフードを食《た》べ、おれいでもするかのように、おじさんの手《て》を　やさしく　ペロペロと　なめました。

「ドン、また、明日《あした》も　来《く》るよ」

そう言《い》って、土手《どて》の上《うえ》でまっていた　ハスキー犬《けん》のところに　もどろうとすると、ドンは　おじさんの後《あと》をついて歩《ある》きはじめました。

えんりょがちに、トコ、トコ、トコ……。

おじさんは、そっと　ドンを見《み》ながら、じてんしゃにまたがりました。

ドンは、おじさんからはなれようとしません。

おじさんが　ハスキー犬《けん》をつれて、じてんしゃをゆっく

りと　こぎはじめると、ドンも、じてんしゃの後《うし》ろについて　歩《ある》きはじめました。

ドンは、はなれることなくおじさんのじてんしゃの後《うし》ろに　ピタッとついて、いっしょに　走《はし》っています。

少《すこ》し強《つよ》く　ペダルをふんで、スピードを上《あ》げると、ドンも

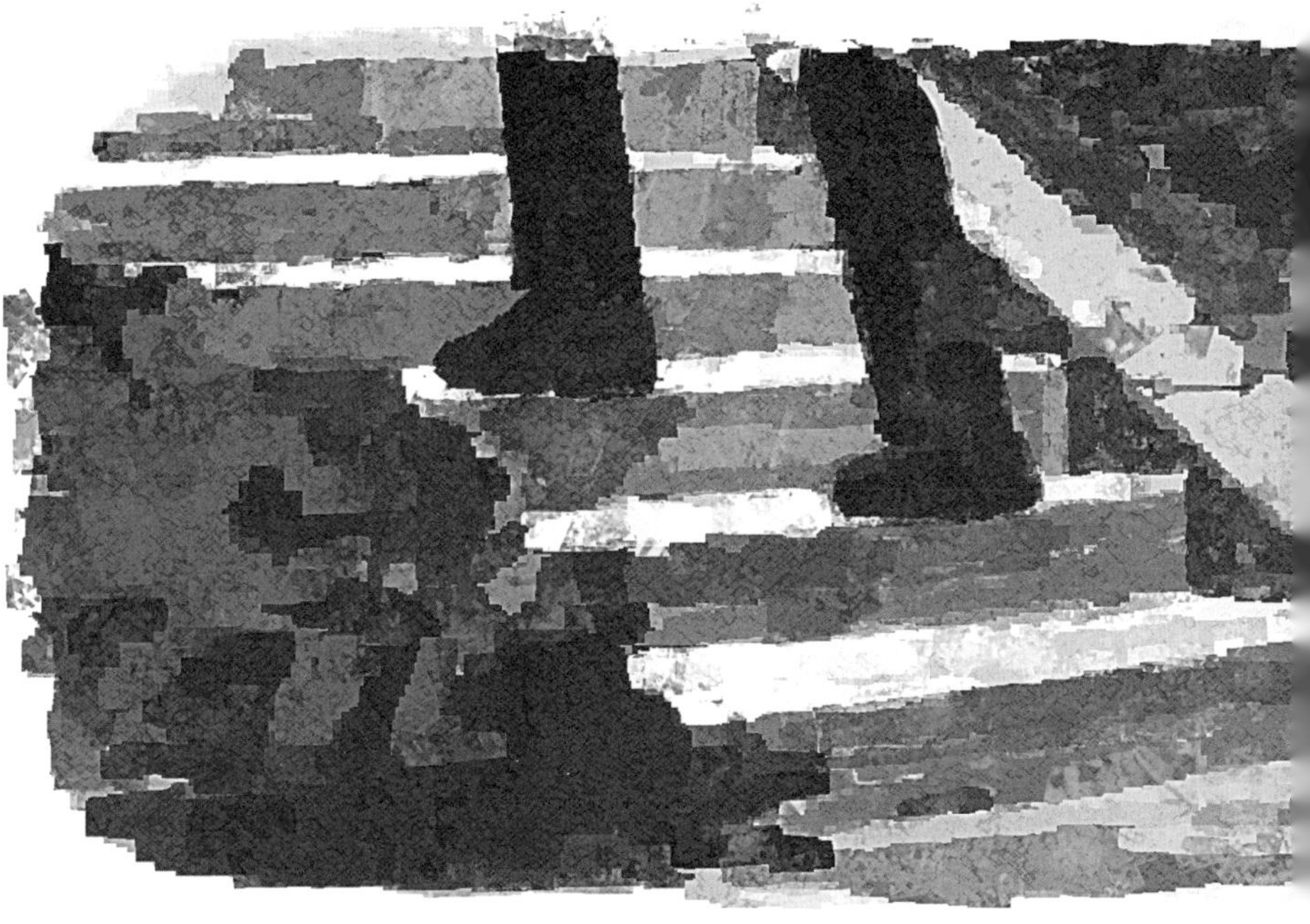

合《あ》わせて　走《はし》り出《だ》しました。
タカ、タカ、タカ……。
タカ、タカ、タカ……。
ドンが、大《おお》きな丸《まる》いシッポをゆらゆら　ゆらして、元《げん》気《き》に　走《はし》っています。
そのすがたは、だれが見《み》ても　2頭《とう》のハスキー犬《けん》と同《おな》じで、おじさんのかぞくにしか

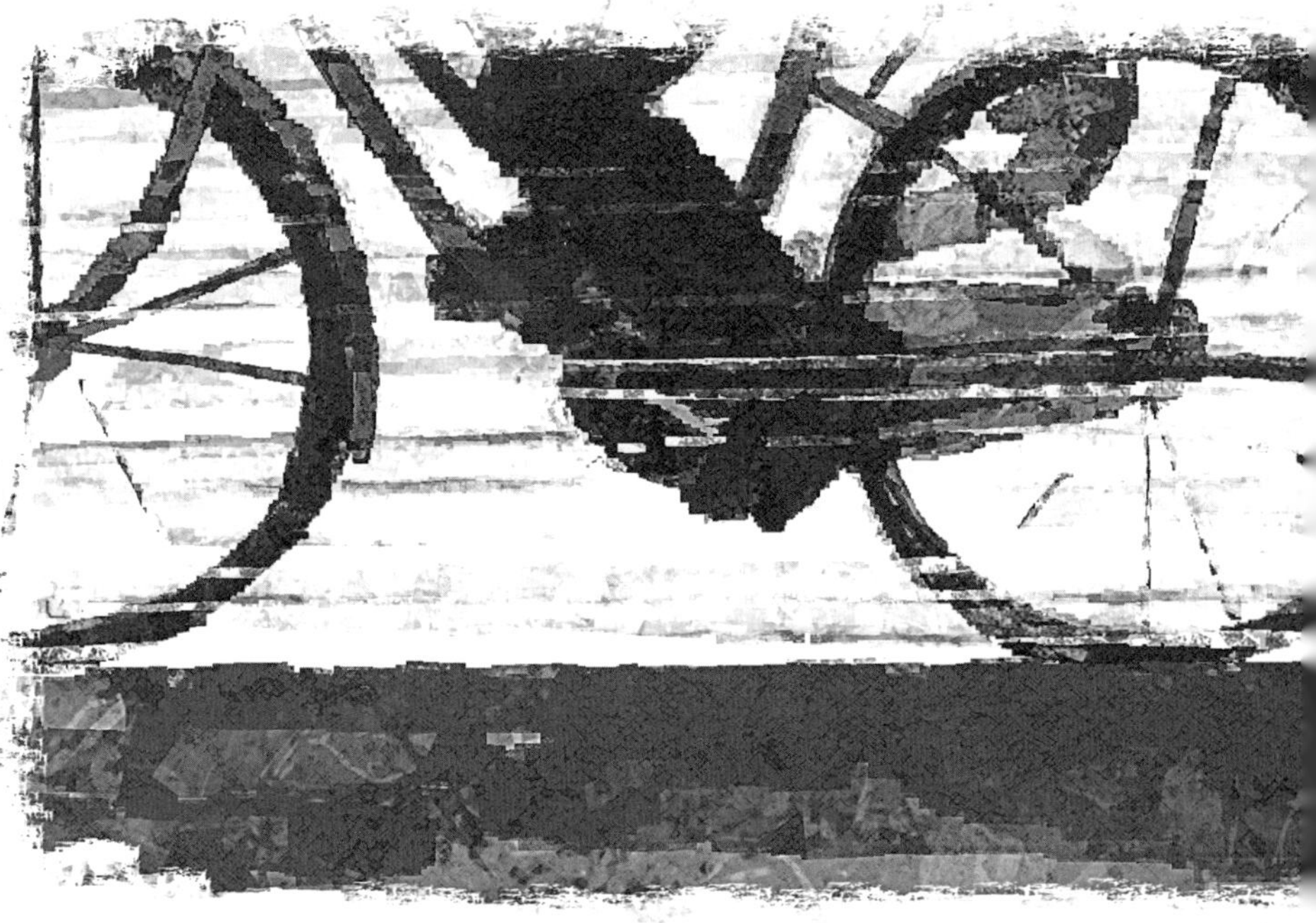

見《み》えません。
どれくらい　走《はし》ったのでしょう。
おじさんが　じたくについた時《とき》には、日《ひ》は　とっぷりくれ、あたりは　くらやみにつつまれていました。
おじさんが、じてんしゃを

止《と》めると、ドンも　立《た》ち止《ど》まりました。

シッポをふりふり、おじさんを　見《み》ています。

おじさんは、手《て》まねきしながら、家《いえ》のげんかんの　ドアを　あけました。

すると、ドンは　まようことなく、家《いえ》の中《なか》に入《はい》り、リビングの　ソファの上《うえ》に　ぴょんととびのって、そのままねてしまったのです。

2頭《とう》のハスキー犬《けん》も　それが　当《あ》たり前《まえ》のように、ドンのねがおを　見《み》まもっています。

ドンは　まるで、ずっと　この家《いえ》に　いたかのようです。

おじさんは、ほっと　大《おお》きなためいきを　一《ひと》つつくと、何《なに》やら　ゆびおり　数《かぞ》えはじめました。

ドンが　おじさんを　うけ入《い》れてくれるまで、どれくらいの時間《じかん》が　かかったのでしょう？

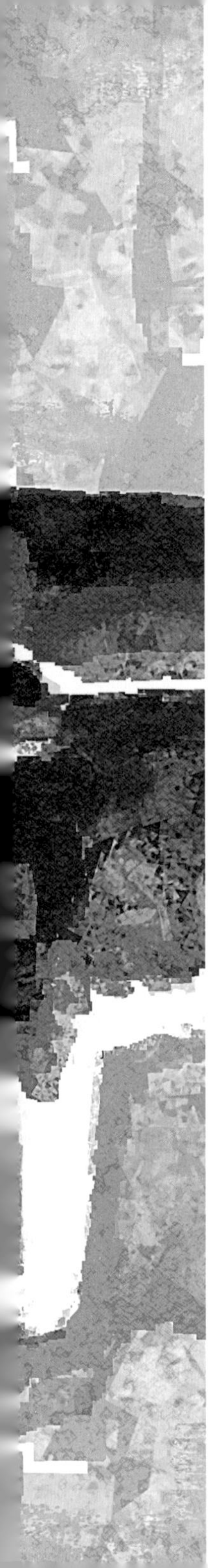

おじさんは、やさしく　わらって、ドンに　言《い》いました。
「ドン……　ぼくを、えらんでくれて　ありがとう！　ぼくは　マルコ、それから、こっちは　アレック、そして　ボニーだよ、よろしく」
　ドンは　その日《ひ》から、アレックや　ボニーたちと　いっしょに　マルコおじさんのそばで　ねむりました。

くさりで　つながれることも　ありませんでした。
家《いえ》の中《なか》には　いつも　きれいなトイレが　よういされていて、ウンチや　オシッコを　がまんするひつようも　なくなりました。
たくさん　ブラッシングをしてもらって、おふろにも入《い》れてもらって、ドンは　川原《かわら》にいた時《とき》とは　まるで　べつの犬《いぬ》のように、ピカピカの　まっしろな　うつくしい犬《いぬ》になっていました。

しあわせ

ぼくは、どこに行《い》くにも
マルコおじさんと　いっしょ。
さんぽに行《い》けば、ぼくを見《み》
て、たくさんの人《ひと》が　声《こえ》を
かけてくれる。

「かしこい犬《いぬ》ね」
くさりに　つながれていたころ、ぼくは　かいぬしさんにずっと「バカな犬《いぬ》」と　言《い》われた。
「大人《おとな》しい犬《いぬ》ね」
くさりに　つながれていたころ、ぼくは　かいぬしさんに「うるさい！」と　たたかれていた。
「まっしろな　きれいな犬《いぬ》ね」
くさりに　つながれていたころ、ぼくは　はい色《いろ》の　うすぎたない犬《いぬ》だった。

「まんまるで、くるんくるん回《まわ》る　かわいいシッポね」

くさりで　つながれていたころ、ぼくのシッポは、ずっと　しゅんとなっていた。

ふしぎだなあ……。

ぼくは、何《なに》も　かわってないのに、マルコおじさんのかぞくになったとたん、みんながぼくを　かわいがってくれる。

マルコおじさんは、一日《いちにち》に　なんども「ドン」ってよ

んで、頭《あたま》を　なでてくれる。

やさしく　だきしめ、わらいかけてくれる。

それは、何年《なんねん》たっても、ずっと　ずーっと　かわらない。

マルコおじさんは、いつも　わらいながら　言《い》う。

「ドンと　いっしょにいれば、楽《たの》しいことが、もっと、もっと　楽《たの》しくなって、かなしいことは　うんとへって　半《はん》分《ぶん》になる。ドンが　しあわせだと、ぼくも　しあわせにな
れるんだ」

いつしか、ぼくも　マルコおじさんのきもちが　分《わ》かる

ようになった。
マルコおじさんが　しあわせなら、ぼくのシッポも　大《おお》きく、大《おお》きくゆれるんだ。
ぼくを　くさりにつないでいたかいぬしさんも、ぼくが　小《ちい》さいころは、やさしく　だきしめ、わらいかけてくれた。
ぼくが　いつまでも、新《あたら》しくて、小《ちい》

さい犬《いぬ》だったら、かいぬしさんは　しあわせだったのかなあ。
マルコおじさんも、かいぬしさんも、同《おな》じ　人間《にんげん》なのに、
ぼくには　マルコおじさんのしあわせしか　分《わ》からなかった。

ある日《ひ》、ぼくは　マルコおじさんに　つれられて、大《おお》きな川原《かわら》に　行《い》った。
ずっと　むかし、ぼくが　すてられた　ばしょだった。
川原《かわら》には、あのころと同《おな》じ、タンポポの花《はな》が　たくさん

さきみだれていた。

あれから　どれくらい　たったんだろう――。

とつぜん、ぼくの中《なか》に　かなしいきもちが　よみがえり、ぼくのシッポが　しゅんとなった。

マルコおじさんが、どうして、このばしょに　ぼくをつれてきたのか、ぼくには　分《わ》からなかった。

ぼくが、マルコおじさんのとなりで　ぼんやりと立《た》っていると、マルコおじさんは　言《い》った。

「……ドン、お前《まえ》をすてた　かいぬしに、ぼくは　言《い》ってやりたいよ！」
マルコおじさんは、川原《かわら》のむこうに　しずむ夕日《ゆうひ》を見《み》て
大《おお》きく　しんこきゅうした。
ぼくは、タンポポの花《はな》のわきに　すわって　マルコおじ
さんを　見上《みあ》げた。
マルコおじさんは、しずむ
おひさまにむかって、さけぶ
ように　大《おお》きな声《こえ》で　言《い》った。

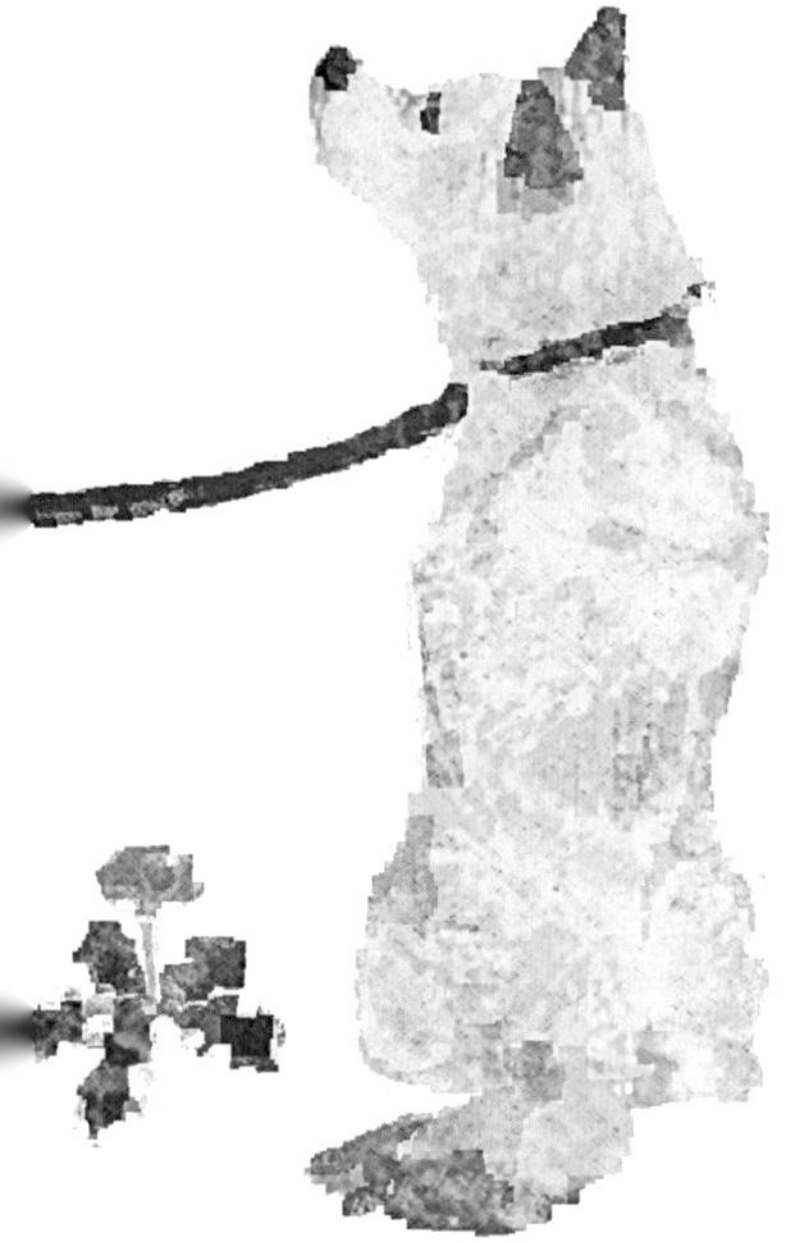

「おーい！　ドンをすてた　かいぬし！　ありがとうよ！」

ぼくは　びっくりした。ぼくをすてた人《ひと》に「ありがとう」って　どういうことなんだろう。

「ドンが　この川原《かわら》の　すて犬《いぬ》じゃなかったら、ぼくはドンと　会《あ》えなかったんだ！　まず、そのおれいだよ」

マルコおじさんは、しかめっつらをして　ひにくたっぷりに　わらった。

「それから……　もう一《ひと》つ　言《い》いたいことが　ある！　おーい！　ドンをすてた　かいぬし！　お前《まえ》は、なんて　〝ざんねんな人間《にんげん》〟なんだ！　こんなたからものを　すてちゃうなんてさ！　お前《まえ》がすてた　ドンは、しあわせを　たくさん、たくさんくれる〝たから〟だったんだぞ！　自分《じぶん》から　しあわせを　すてるなんて、お前《まえ》は　本当《ほんとう》に　ざんねんな人間《にんげん》だ！」

そう言《い》って、ぼくをすてた男《おとこ》を　あわれんだ。

マルコおじさんは　教《おし》えてくれた。

人間《にんげん》には、二《ふた》つの　しゅるいが　いる。

たからものを　大切《たいせつ》にできる人間《にんげん》と、たからものと思《おも》わず　すててしまう人間《にんげん》が　いることを――。

その「たからもの」とは、「ぼくらのいのち」だということを……。

風《かぜ》もなく　おだやかな　夕《ゆう》ぐれの川原《かわら》は、しずんでいくおひさまの　光《ひかり》をうけて、タンポポが　黄色《きいろ》から　オレンジ色《いろ》に　そまっていた。

ぼくは　マルコおじさんといっしょに、しずむおひさまを　ただじっと　しずかに　見《み》つめていた。

いのち

ドンは　それからも毎日《まいにち》、広場《ひろば》までのさんぽ道《みち》を　自転車《じてんしゃ》にのったマルコおじさんの後《あと》をついて　アレックとボニーといっしょに走《はし》りました。

広場《ひろば》につくと、おじさんは、ドンが

大《だい》すきな　ボールあそびをしてくれました。

さんぽがおわり、家《いえ》に帰《かえ》ると、おじさんは、お肉《にく》がいっぱい入《はい》った　フランスパンのサンドイッチを「ごほうび」にくれます。

たくさん　さんぽをして、ボールあそびをしている　ドン。

いつも　元気《げんき》いっぱいで、おいしいごはんを食《た》べているドンは、これまで　びょうきになったことも　ありません。

でも、サンドイッチより、おじさんの　とびっきりの

「えがお」の方《ほう》が、ドンにとっては　大《おお》きな「ごほうび」でした。

ボールを　おいかけるのも　すきでしたが、ドンが　一《いち》番《ばん》　大《だい》すきだったのは、おじさんと　いっしょにすごす「時間《じかん》」でした。

そして　ドンには、びょうきにならない　「まほうのくすり」が　あったのです。
ドンの　「くすり」。
それは、マルコおじさんの　「あい」でした。

いつしか　楽《たの》しい時《じ》間《かん》がすぎて、気《き》がつけば、ドンは18才《さい》のおじいちゃん犬《いぬ》に　なっていました。犬《いぬ》の18才《さい》は人《にん》間《げん》の年《とし》でいえば　たいへんな　お年《とし》よりです。
おじいちゃんの　ドンは、もう　ボールあそびが　できません。

大《だい》すきな、お肉《にく》の入《はい》った　サンドイッチも　少《すこ》ししか　食《た》べることができません。

それでも　ドンは、とても　しあわせでした。

マルコおじさんの「えがお」という　大《おお》きな、大《おお》きな「ごほうび」を　もらっていたからです。

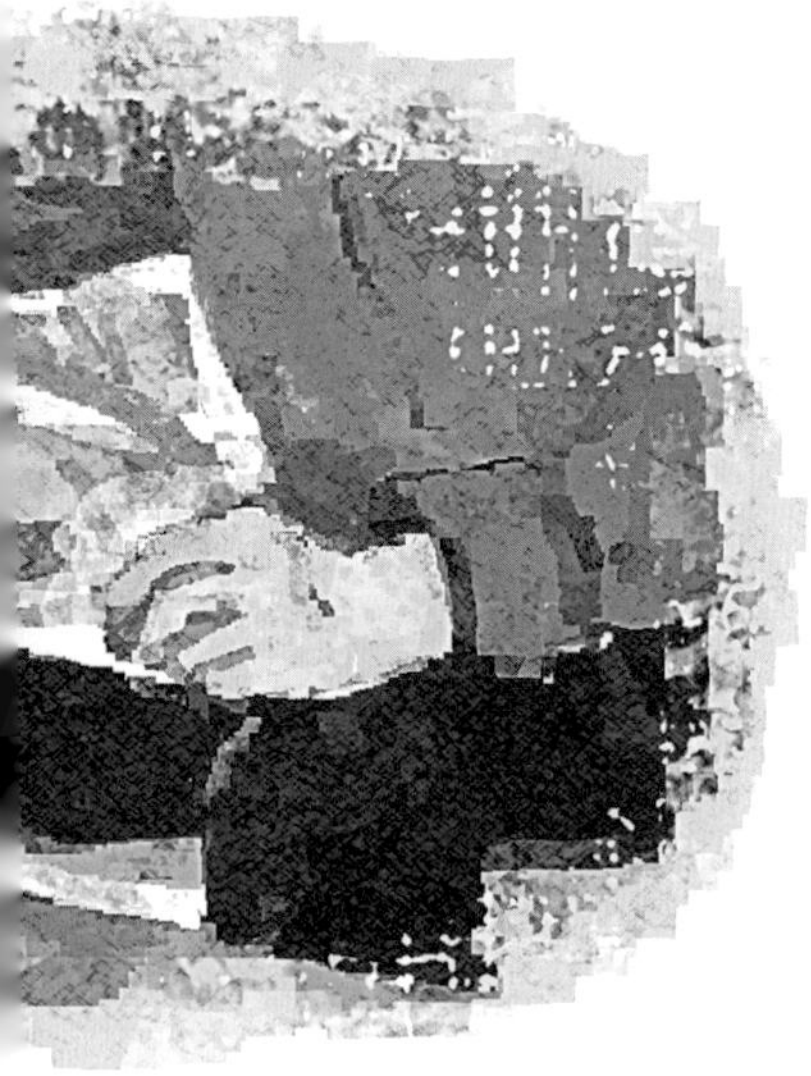

ドンは、マルコおじさんと　ずっと、いっしょにいたいと　思《おも》いましたが、そのねがいが　かなうことは　ありませんでした。犬《いぬ》のいのちの時間《じかん》は、人間《にんげん》とは　くらべものにならないくらい　みじかいのです。

ある日《ひ》の夕方《ゆうがた》、ドンは　とつぜん、リビングテーブルの上《うえ》に　前足《まえあし》をのせ、新聞《しんぶん》を読《よ》んでいた　マルコおじさんを　じっと　見《み》つめました。

「ドン、どうしたの？」
するとドンは　くずれるように　ゆかにしゃがみこみ、ありったけの力《ちから》をふりしぼって、丸《まる》いシッポを　ゆっくりと　ふりました。
マルコおじさんへの「おわかれのあいさつ」です。
ドンは「いのちの時間《じかん》」を　まっとうして、いよいよ　天国《てんごく》にたび

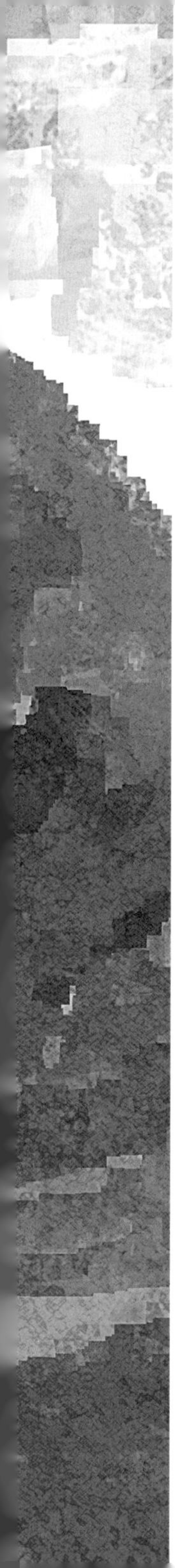

立《だ》つ時《とき》が　やってきたのです。

「ドンが　ぼくの自《じ》転《てん》車《しゃ》を　おいかけてきた　あの日《ひ》、〝しあわせ〟が　おいかけてきたと　思《おも》ったよ。しあわせを、おいはらう人《にん》間《げん》なんて、いないさ！」

マルコおじさんは、なみだを　ぬぐい、とびっきりのえがおで　ドンを　だきしめました。

そのえがおが、ドンにとっては、さいごの「ごほうび」となりました。

「ドン…… また会《あ》おう…… ぼくが 天国《てんごく》に行《い》った時《とき》は、かならず むかえに来《き》てくれよ。天国《てんごく》でも かならず、ぼくを えらんでくれよ」

〝ぼく、天国《てんごく》でも、マルコおじさんを まっ先《さき》に むかえに行《い》くよ…… どこまでも 後《うし》ろを ついていくよ〟

ドンは、心《こころ》の中《なか》で そう言《い》うと、うなずくように、ゆっくりと 目《め》を とじました。

ドンが　目《め》を　あけると、そこでは　花《はな》がさきみだれ、犬《いぬ》たちが　じゆうに　走《はし》り回《まわ》っていました。

マルコおじさんの家《いえ》にいた　アレックや　ボニー、多《おお》くの犬《いぬ》たちが　楽《たの》しそうに　シッポを　ふっています。

みな、すて犬《いぬ》で　マルコおじさんにたすけられた　犬《いぬ》たちです。

ふと、お花《はな》ばたけの先《さき》を見《み》ると、男《おとこ》が　たった一人《ひとり》で立《た》っていました。

ドンを　川原《かわら》にすてた、あのかいぬしです。

男《おとこ》のまわりの花《はな》は　さいたかと思《おも》えば、つぎつぎと　かれていきます。この男《おとこ》のまわりには　だれも　いません。
男《おとこ》は　ここで、ずっと、泣《な》きながら　一人《ひとり》ぼっちで　くらしました。
犬《いぬ》たちも　けっして　近《ちか》よりませんでした。
ドンが、遠《とお》くにいた男《おとこ》にむかって「ウォーン！」と声《こえ》をかけました。
ドンは　男《おとこ》に　何《なに》を言《い》いたかったのでしょう。

（おわり）

あとがきにかえて

知《し》っていますか？

日本《にほん》では、今《いま》でも　ペットとしてかわれていた　多《おお》くの
犬《いぬ》や　ねこが、かいぬしに　すてられています。
「あきた」「せわがめんどうくさい」「ひっこしするか

ら」と、まるで　いらなくなった　おもちゃをすてるように、すててしまうのです。

ペットをかうと　きめて、犬《いぬ》や　ねこを　えらぶのはわたしたち人間《にんげん》です。

でも、もし、犬《いぬ》や　ねこが　かいぬしを　えらぶとしたら、犬《いぬ》や　ねこは　どんなかいぬしを　えらぶでしょうか？

あなたは、どうでしょう？

どうぶつたちに、「この人《ひと》なら、きっと、ぼくを　しあわせにしてくれる」と、言《い》ってもらえるでしょうか？

どうぶつたちに「この人《ひと》のかぞくに　なれてよかった！」と　思《おも》ってもらえる「やさしい心《こころ》」を　もっているでしょうか？

　このお話《はなし》は、これまで　多《おお》くのどうぶつたちを　すくった、どうぶつあいごかつどうかの　マルコ・ブルーノさんと、あい犬《けん》ドンの　本当《ほんとう》にあった　出会《であ》いをもとに作《つく》られた　お話《はなし》です。

マルコ・ブルーノさんと
あい犬《けん》ドン

Believe《ビリーブ》 in《イン》 yourself《ユアセルフ》

マルコ・ブルーノ

人生《じんせい》には、楽《たの》しいこともつらいこともあります。楽《たの》しいことはあっと言《い》う間《ま》に消《き》えてしまうことがありますが、つらいことはなかなか消《き》えないことがあります。そのせいで、何《なん》のために生《い》きているのか？　と悩《なや》んでしまう人《ひと》もいるでしょう。

人生《じんせい》の悩《なや》みに負《ま》けないためには、「自分《じぶん》を信《しん》じること」が大事《だいじ》です。英語《えいご》に言《い》い換《か》えると、"Believe《ビリーブ》 in《イン》 yourself《ユアセルフ》"。生《い》きる価値《かち》を喜《よろこ》びに変《か》えるためには、自分《じぶん》を信《しん》じるしかないのです。

地球上《ちきゅうじょう》の80億《おく》人《にん》の中《なか》で、自分《じぶん》にしかできないことはたくさんあります。困《こま》っている人《ひと》に「大丈夫《だいじょうぶ》ですか?」と声《こえ》をかけ、笑顔《えがお》で「お気《き》づかい、ありがとう」と言《い》われるだけで、心《こころ》の中《なか》に幸《しあわ》せがひろがります。声《こえ》をかけてよかった!と思《おも》うことが、生《い》きる価値《かち》にも、生《い》きる励《はげ》みにもなります。

何《なに》かに困《こま》るのは人間《にんげん》だけではなく、動物《どうぶつ》も虫《むし》も自然《しぜん》も同《おな》じです。たとえば、家《いえ》の窓《まど》ガラスにハエがいるとします。間違《まちが》って入《はい》ってきて、出《で》られなくなったハエ。外《そと》に戻《もど》るために一生懸命《いっしょうけんめい》に出《で》ようとしていますが、ガラスのせいで出《で》られません。偶然《ぐうぜん》に見《み》つけたこの状況《じょうきょう》を、あなたは無視《むし》できますか？　ぼくだったら、窓《まど》を少《すこ》し開《あ》けて、その隙間《すきま》からハエを外《そと》へ逃《に》がします。元気《げんき》よく飛《と》び出《で》るハエを見《み》て、助《たす》けてあげてよかった！　と思《おも》うのです。

たいしたことではないと思《おも》う人《ひと》もいるでしょう。でも、よく考《かんが》えれば、感動的《かんどうてき》で立派《りっぱ》な判断《はんだん》だと思《おも》いませんか。80億人《おくにん》の中《なか》で自分《じぶん》にしかできないことがあれば、それが生《い》きる価値《かち》になり得《う》るのです。

この本《ほん》に出《で》てくるアレックは、お金《かね》のために子《こ》どもを産《う》ませる繁殖犬《はんしょくけん》として飼《か》われていました。ボニーは、アレックが産《う》んだ子犬《こいぬ》で、一度《いちど》、売《う》りに出《だ》されましたが、売《う》れ残《のこ》ってしまったため、そのまま繁殖犬《はんしょくけん》として飼《か》われていたのです。

その後《ご》、２頭《とう》の散歩《さんぽ》の途中《とちゅう》、川原《かわら》に捨《す》てられていたドンと偶然《ぐうぜん》、出会《であ》いました。彼《かれ》と暮《く》らしていくことで、命《いのち》の尊《とうと》さを知《し》り、生《い》きることに新《あら》たな喜《よろこ》びと幸《しあわ》せを見《み》つけることができました。

ですから、自分《じぶん》を信《しん》じて！　見《み》て見《み》ぬふりをしないことが、自分《じぶん》の幸《しあわ》せや心《こころ》の支《ささ》えになるのです。

マルコ・ブルーノ

（Marco Bruno）

1945年オーストリア生まれ。父はイタリア人、母はオーストリア人。20歳のとき来日。アメリカの大手企業の日本支店で経理部長を務めた後、作詞・作曲に挑戦。アガサ・クリスティ原作の映画「ナイル殺人事件」の主題歌の作詞を手掛ける。コーラストリオ、パッショナータの「卑弥呼」「ルナ・ルナ」のヒットでゴールデンディスク賞を受賞。映画シリーズ「男はつらいよ」のドイツ語の字幕や、写真家・ノンフィクション作家としても活躍。1997年、日本のペットたちの悲惨な現状を見て、「動物愛護支援の会」を設立。捨て犬や捨て猫の里親探しの活動を開始。動物たちの悲鳴を伝えた本『マルコの東方犬聞録』（ハート出版、2000年）をはじめ著書多数。無責任な飼い主に捨てられた動物の目線で正しい飼い方と、人間と動物の安心な共存の方法を伝える。
主な著書：『ペットはぼくの家族』（ポプラ社、1998年）、『幸せな捨て犬ウォリ』（ハート出版、2001年）、『犬に尊敬される飼い主になる方法』（ハート出版、2003年）、『女王犬アレックの夢』（ハート出版、2000年）など。

作者　**今西乃子**

（いまにし・のりこ）

児童文学作家
大阪府岸和田市生まれ。『ドッグ・シェルター』（金の星社、2006年）で、第36回日本児童文学者協会新人賞を受賞。『命の境界線』（合同出版、2021年）で令和5年度児童福祉文化財推薦受賞。執筆の傍ら、小・中学校を中心に「命の授業」を展開。その数は2023年には270カ所を超える。著書に、愛犬・未来ときららを描き続けた「捨て犬・未来＆きららシリーズ」（岩崎書店）、『命のものさし』『コアラのなみだ』（合同出版）など他多数。
日本児童文学者協会会員
公益財団法人 日本動物愛護協会常任理事
認定特定非営利活動法人 動物愛護社会化推進協会理事
https://www.noriyakko.com

絵　**くまおり純**

（くまおり・じゅん）

イラストレーター
1988年、京都府生まれ。
主な装画・挿し絵担当作品は、『ペンギン・ハイウェイ』（角川書店）、『ジャンプして、雪をつかめ！』（新日本出版社）、『南極犬物語』（ハート出版）、『風の神送れよ』（小峰書店）、『雪の日にライオンを見に行く』（講談社）など多数。絵本作品に『みてみて！いぬのあかちゃん』『きみと風』（共に岩崎書店）がある。

■装丁・本文デザイン — 後藤葉子（森デザイン室）
■組版 — 本庄由香里（GALLAP）

犬がえらんだ人

捨て犬ドンとおじさんの命のものがたり

2024年 3 月 5 日　第1刷発行

作　者　今西乃子
絵　くまおり純
発行者　坂上美樹
発行所　合同出版株式会社
東京都小金井市関野町 1 - 6 - 10
郵便番号　184-0001
電話　042（401）2930
振替　00180-9-65422
ホームページ　https://www.godo-shuppan.co.jp
印刷・製本　恵友印刷株式会社

■刊行図書リストを無料進呈いたします。
■落丁・乱丁の際はお取り換えいたします。

ISBN978-4-7726-1551-8　NDC 916　216×151